★ EN VEDETTE DANS CE LIVRE ★

VELOCIRAPTOR

(VÉLO-ci-RAP-tor)

SAVAIS-TU QUE...

Velociraptor, un dinosaure de la taille d'une dinde qui chassait en bande, était couvert de plumes, comme un oiseau, mais ne pouvait voler car ses bras étaient trop courts et n'avaient pas la forme et la structure requises pour battre comme les ailes d'un oiseau ?

Velociraptor signifie « voleur rapide »

PLANTONS LE DÉCOR

Tout a commencé quand les premiers dinosaures sont apparus il y a environ 231 millions d'années, pendant le Trias.

C'était le début de l'ère des dinosaures, une période où ils allaient être les rois du monde !

Les scientifiques appellent cette période le

MÉSOZOÏQUE.

(mé-zo-zo-ic)

Elle a duré si longtemps qu'ils l'ont divisée en trois parties.

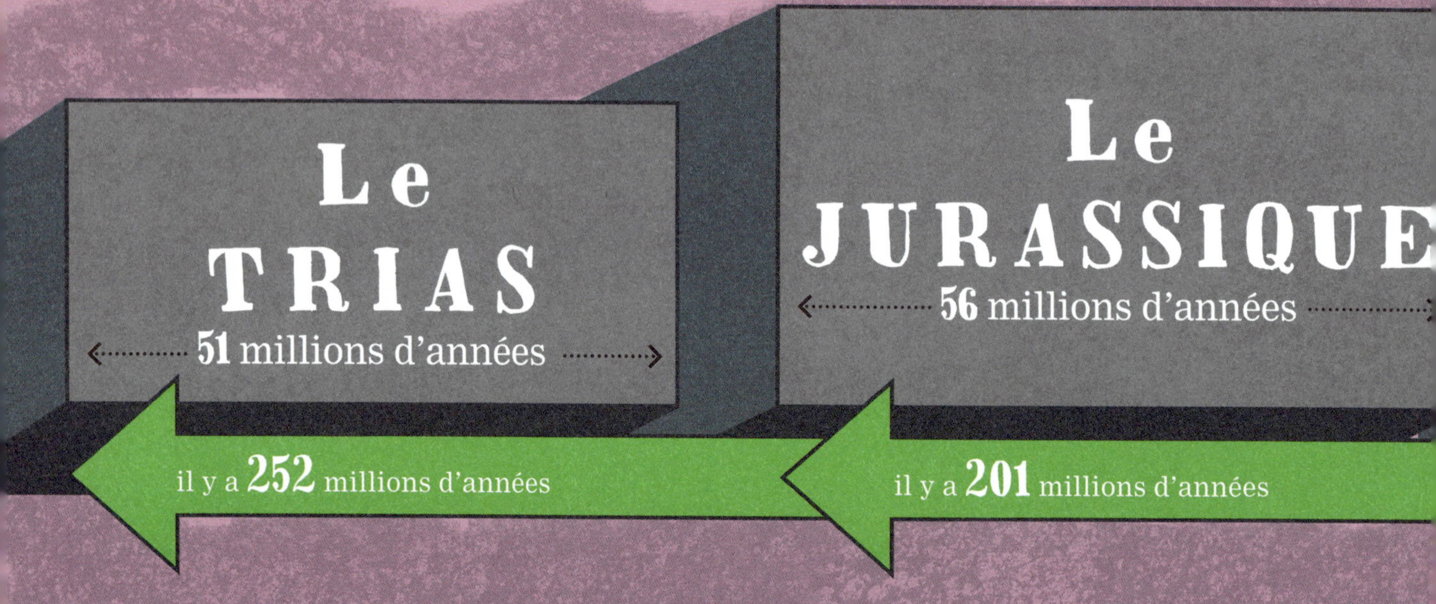

Velociraptor a existé durant le Crétacé, il y a entre 71 et 75 millions d'années.

Le CRÉTACÉ

79 millions d'années

il y a **145** millions d'années

il y a **66** millions d'années

BULLETIN MÉTÉO

La Terre n'a pas toujours été comme on la connaît. Avant les dinosaures et au début du Mésozoïque, tous les continents étaient soudés et formaient un supercontinent appelé « la Pangée ». Au fil du temps, les choses ont changé, et à la fin du Crétacé, la Terre ressemblait plutôt à ceci.

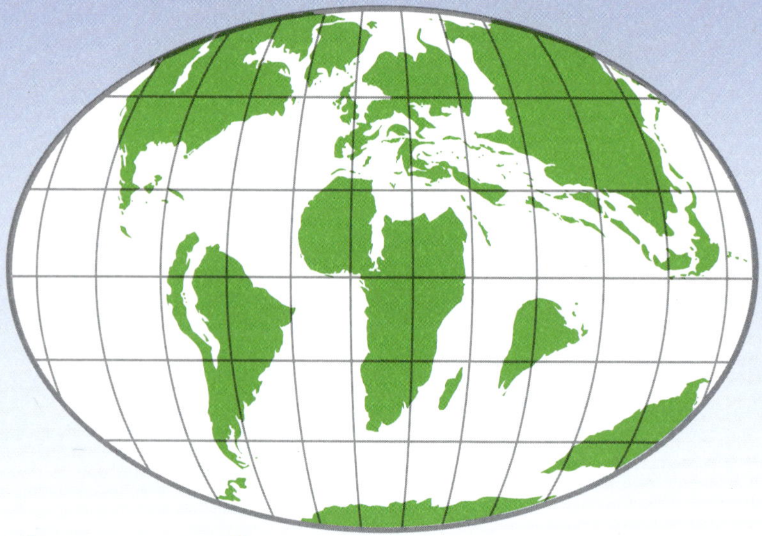

CRÉTACÉ IL Y A 66 MILLIONS D'ANNÉES

Ce nom vient du mot « craie » en latin

TRIAS

Extrêmement chaud, sec et poussiéreux

JURASSIQUE

Très chaud, humide et tropical

CRÉTACÉ

Chaud, pluvieux et saisonnier

Pendant le Crétacé, les continents ont continué à se séparer et la Terre a pris une apparence semblable à celle qu'on lui connaît aujourd'hui.

D'OÙ VIENT-IL ?

Voici ce que nous savons à ce jour et où nous l'avons découvert…

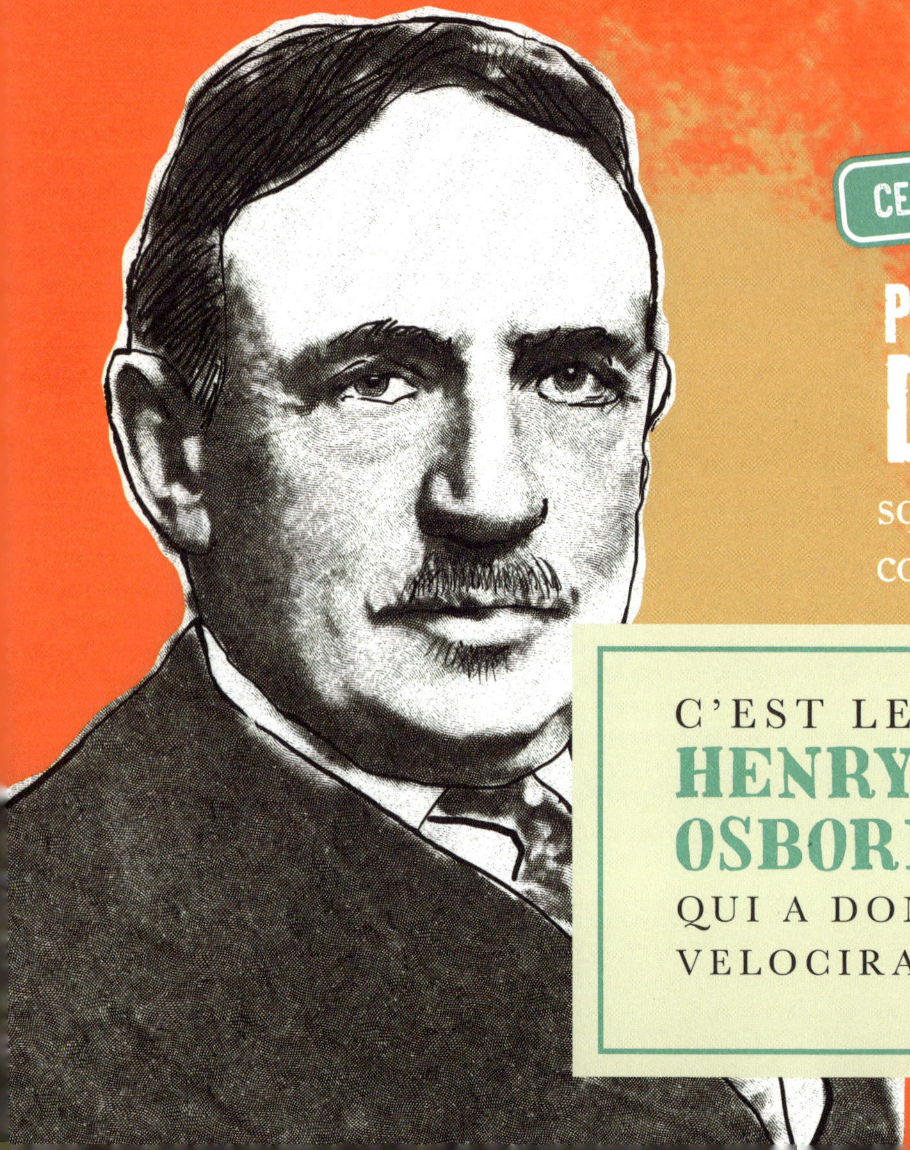

CE QU'ON A DÉCOUVERT :

PLUS DE 10

squelettes presque complets…

C'EST LE PALÉONTOLOGUE **HENRY FAIRFIELD OSBORN** QUI A DONNÉ SON NOM À VELOCIRAPTOR, EN 1924.

… ET le fossile très célèbre de *Velociraptor* décédé subitement pendant un combat contre *Protoceratops* ! Nous y reviendrons…

En 1923, pendant une expédition dans le désert de Gobi dirigée par les paléontologues Roy Chapman Andrews et Henry Osborn, Peter Kaisen découvre les tout premiers fossiles de *Velociraptor* : un crâne aplati mais complet et une très impressionnante griffe de main.

Ce dinosaure est demeuré relativement inconnu jusqu'à la sortie du film *Le Parc jurassique*, en 1993, qui présentait *Velociraptor* comme un prédateur de taille humaine à la peau lisse et à l'intelligence développée plutôt que comme le petit chasseur à plumes qu'il était réellement !

PORTRAIT

Certains dinosaures – petits ou grands – étaient recouverts de plumes ou d'une espèce de duvet, comme c'était le cas pour *Velociraptor*.

Regardons *Velociraptor* pour voir en quoi il était spécial, fascinant et complètement extraordinaire !

Les membres de la famille des « raptors » portent le nom de « droméosaures » (dromé-O-zor).

VELOCIRAPTOR

50 centimètres

des orteils à la hanche

Velociraptor n'était pas le dinosaure de taille humaine que l'on a vu dans *Le Parc jurassique*. Ce dinosaure était inspiré d'une autre espèce, *Deinonychus* (DÈNO-ni-KUSS), qui était environ deux fois plus long et deux fois plus haut que *Velociraptor*.

PORTE

2 mètres

HUMAIN 182 centimètres

VELOCIRAPTOR

Longueur : jusqu'à 2 mètres
(la queue faisant la majorité du corps

Hauteur : 50 centimètres
des orteils à la hanche

Poids : 15 kilogrammes

ÉPERVIER

Envergure : jusqu'à 1,6 mètre

Poids : jusqu'à 2 kilogrammes

Les oiseaux sont des dinosaures vivants !

SOURIS

TROUILLE-O-MÈTRE

Où se classe *Velociraptor* ?

AUCUNEMENT TERRIFIANT

1	2	3	4	5

↑

Seul, il aurait fait un bon chasseur de petites proies.

À ce jour, on n'a jamais trouvé de *Velociraptors* fossilisés en groupe, ce qui nous empêche d'affirmer avec certitude qu'ils chassaient en bande.

Cela dit, d'autres droméosaures, comme *Deinonychus*, ont été découverts en groupe, ce qui fait croire aux scientifiques que *Velociraptor* utilisait probablement les mêmes techniques de chasse.

6 7 8 9 10

COMPLÈTEMENT TERRIFIANT

En bande, il aurait pu s'attaquer à de plus grosses bêtes.

JUGEOTE

Quand nous avons commencé à découvrir des dinosaures, nous pensions qu'ils étaient plutôt stupides !

Par la suite, quelques scientifiques ont cru que certains dinosaures avaient un second cerveau près de leur derrière ! On sait aujourd'hui que rien de cela n'est vrai.

Les scientifiques reconnaissent maintenant que les dinosaures n'avaient qu'un seul cerveau et qu'ils étaient plutôt futés pour des reptiles. Certains comptaient même parmi les plus intelligentes créatures sur Terre pendant le Mésozoïque. Cela dit, la plupart des mammifères actuels n'auraient rien à leur envier sur ce plan.

En tenant compte de :

leur taille

la taille de leur cerveau

leur odorat

leur vue

les scientifiques sont en mesure de les comparer les uns aux autres...

OÙ FIGURE VELOCIRAPTOR, UN CARNIVORE, AU PALMARÈS DES CERVEAUX ?

TROODON (tro-OH!-don)		10/10 CARNIVORE (le plus intelligent)
VELOCIRAPTOR (VÉLO-ci-RAP-tor)		9/10 CARNIVORE
MEGALOSAURUS (MÉGA-lozo-RUSS)		8/10 CARNIVORE
IGUANODON (i-GWA-no-DON)		6/10 HERBIVORE
TRICERATOPS (TRI-céra-TOPS)		5/10 HERBIVORE
DIPLODOCUS (di-PLO-do-KUSS)		2/10 HERBIVORE (pas tellement intelligent)

Les dinosaures sont représentés à l'échelle !

RAPIDOMÈTRE

Capable d'atteindre la vitesse respectable de 40 km/h sur de courtes distances, il était presque aussi rapide que le légendaire Usain Bolt et ses 45 km/h, mais ne se compare en rien au guépard et ses 95 km/h ou au lion qui peut atteindre 80 km/h.

RAPIDE

SON ÉQUIPEMENT

PLUMES

Des « saillies de plumes », les points où les plumes qui aident les oiseaux à voler sont ancrées dans les os, ont été observées sur un avant-bras de *Velociraptor* particulièrement bien conservé qui était à l'étude en Mongolie en 2007. Les scientifiques sont donc presque sûrs que *Velociraptor* était recouvert de plumes.

Ces plumes lui servaient à garder sa chaleur et à lui donner l'apparence nécessaire pour attirer des partenaires et repousser les prédateurs.

BRAS

Chacun de ses bras comptait trois doigts se terminant par une griffe courte et acérée qu'il utilisait pour blesser et agripper ses proies.

QUEUE

Longue mais peu flexible puisque ses os étaient soudés (collés ensemble), elle lui servait principalement à garder son équilibre quand il courait, sautait et chassait.

PIEDS

Chaque pied se terminait par une grosse griffe rétractable (« qui peut être rentrée pour être protégée ») en forme de faux (recourbée). Après ses dents tranchantes, cette griffe de 6 centimètres était la principale arme de *Velociraptor*, qui l'utilisait pour piquer et trancher la chair ou pour agripper ses proies et les immobiliser, comme le fait l'aigle avec ses serres. On suppose qu'il blessait sa proie et allait ensuite se mettre en sécurité pour la surveiller en attendant qu'elle meure.

DENTS

Velociraptor avait un crâne allongé et étroit pouvant mesurer jusqu'à 25 centimètres. Il comportait 60 dents, toutes dentelées comme la lame d'un couteau, tant sur la tranche arrière que sur la tranche avant, qui était aussi recourbée.

Certaines mesuraient moins de 1 centimètre, et d'autres jusqu'à 2,5 centimètres, ce qui est remarquable pour un si petit dinosaure.

Parfaite pour saisir et déchirer la chair !

Dent de 2,5 centimètres en taille réelle

La voici agrandie pour que tu en voies les détails

AU MENU

Velociraptor était un carnivore et pouvait à lui seul tuer et manger des animaux comme des lézards, de petits mammifères et même de petits ou de jeunes dinosaures.

En bande, les *Velociraptors* pouvaient faire preuve de plus d'audace et attaquer de plus gros dinosaures, dont ceux qui se tenaient en troupeaux, comme les *Protoceratops*.

DE LA VIANDE, DE LA VIANDE ET ENCORE DE LA VIANDE

QUI HABITAIT DANS LE MÊME VOISINAGE ?

En 1971, une équipe de paléontologues polonais et mongols a découvert l'incroyable fossile des « dinosaures combattants ». Il s'agit de *Velociraptor* et de *Protoceratops*, qui ont vraisemblablement été surpris et ensevelis par une importante tempête de sable, ou une dune de sable s'est effondrée sur eux alors qu'ils se livraient un combat à mort !

Dans leur pose ultime, *Protoceratops* tient le bras droit de *Velociraptor* dans sa puissante mâchoire pendant que celui-ci enfonce sa grosse griffe d'orteil dans le cou de son adversaire.

INCROYABLE !

PROTOCERATOPS
(PROTO-céra-TOPS)

QUELS ANIMAUX VIVANT AUJOURD'HUI RESSEMBLENT LE PLUS À VELOCIRAPTOR ?

Les oiseaux de proie comme les faucons et les aigles ont des serres extrêmement puissantes qu'ils utilisent pour immobiliser et blesser leurs proies, comme le faisait *Velociraptor*.

Savais-tu que le mot « rapace », parfois employé pour désigner les oiseaux de proie, a les mêmes origines que le mot « raptor » ?

On décrit souvent la hyène comme un animal qui chasse en bande et se nourrit de charognes, et on aurait pu dire la même chose de *Velociraptor*. Chasser en groupe lui permettait de s'attaquer à de plus grosses proies, mais lorsque se présentait la possibilité de manger un «repas gratuit» (un animal déjà mort) plutôt que de chasser un animal vivant et susceptible de se défendre, l'option du repas gratuit était de loin la plus simple et la plus rapide.

QU'Y A-T-IL DE SI GÉNIAL À PROPOS DE VELOCIRAPTOR ?

PÉRIODE D'EXISTENCE

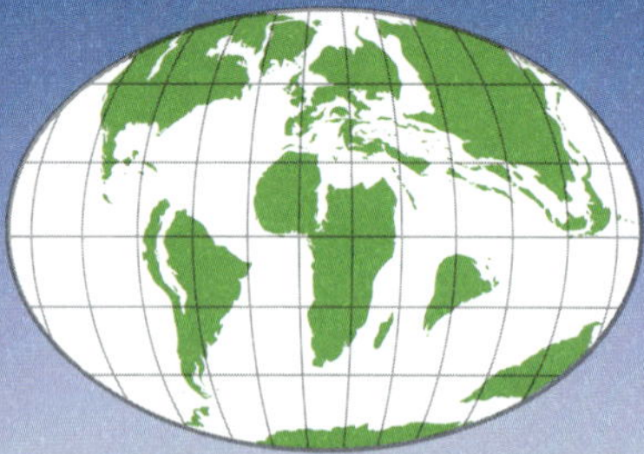

CRÉTACÉ il y a de 71 à 75 millions d'années

TAILLE DES DENTS

POIDS

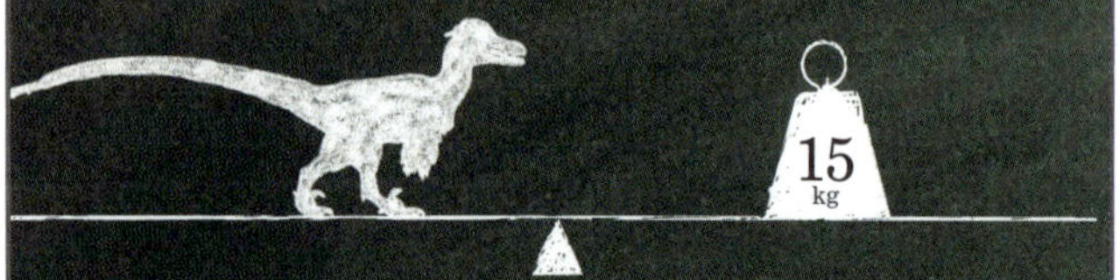

RAPIDE OU LENT ?

RAPIDITÉ

8 sur 10

EN BREF

DÉCOUVERTES À CE JOUR

+ DE 10 SQUELETTES PRESQUE ENTIERS

TERRIFIANT OU PAS ?

TROUILLE-O-MÈTRE

4 seul

6 en groupe

VIANDE OU PLANTES ?

DE LA VIANDE,
DE LA VIANDE
ET ENCORE
DE LA VIANDE !

SON ÉQUIPEMENT

AS-TU LU TOUTE LA SÉRIE ?

À PARAÎTRE BIENTÔT :

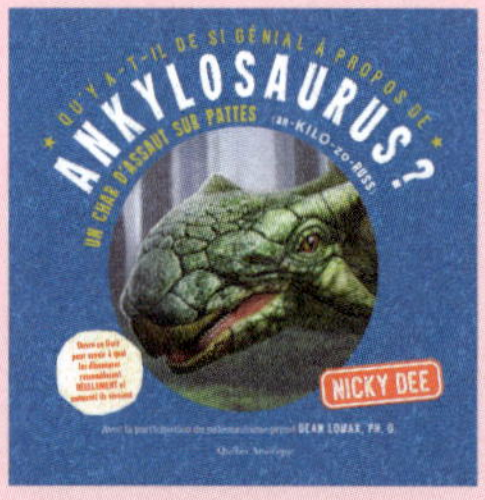

Projet dirigé par Flore Boucher

Traduction : Olivier Bilodeau
Mise en pages : Damien Peron
Révision linguistique : Sabrina Raymond

Québec Amérique
7240, rue Saint-Hubert
Montréal (Québec) Canada H2R 2N1
Téléphone : 514 499-3000, télécopieur : 514 499-3010

Ce texte privilégie la nomenclature zoologique par opposition aux noms vernaculaires des animaux.

Nous reconnaissons l'aide financière du gouvernement du Canada.

Nous remercions le Conseil des arts du Canada de son soutien.
We acknowledge the support of the Canada Council for the Arts.

Nous tenons également à remercier la SODEC pour son appui financier. Gouvernement du Québec – Programme de crédit d'impôt pour l'édition de livres – Gestion SODEC.

Canada | Conseil des arts du Canada | Canada Council for the Arts | SODEC Québec

Catalogage avant publication de Bibliothèque et Archives nationales du Québec et Bibliothèque et Archives Canada

Titre : Velociraptor / Nicky Dee ; collaboration, Dean Lomax [et six autres] ; traduction, Olivier Bilodeau.
Autres titres : Velociraptor. Français
Noms : Dee, Nicky, auteur.
Description : Mention de collection : Qu'y a-t-il de si génial à propos de... ? | Documentaires |
Traduction de : Velociraptor.
Identifiants : Canadiana (livre imprimé) 20210068590 | Canadiana (livre numérique) 20210068604 | ISBN 9782764445426 | ISBN 9782764445440 (PDF)
Vedettes-matière : RVM : Velociraptor—Ouvrages pour la jeunesse. | RVM : Dinosaures—Ouvrages pour la jeunesse. | RVMGF : Albums documentaires.
Classification : LCC QE862.S3 D44414 2022 | CDD j567.912—dc23

Dépôt légal, Bibliothèque et Archives nationales du Québec, 2022
Dépôt légal, Bibliothèque et Archives du Canada, 2022

Titre original : *What's so special about Velociraptor?*
Published in 2021 by The Dragonfly Group Ltd

email info@specialdinosaurs.com
website www.specialdinosaurs.com

Imprimé au Canada

REMERCIEMENTS

Dean Lomax, Ph. D.
Paléontologue remarquable plusieurs fois récompensé, auteur et communicateur scientifique, M. Lomax a collaboré à la réalisation de cette série à titre d'expert-conseil.
www.deanrlomax.co.uk

David Eldridge
Spécialiste en conception de livres.

Alice Connew
Conceptrice graphique extraordinaire.

Luca Massini
Paléoartiste de grand talent.

Scott Hartman
Paléontologue et paléoartiste professionnel, pour les squelettes et les silhouettes.

Ian Durneen
Artiste numérique de haut niveau, pour les illustrations numériques des dinosaures en vedette.

Ron Blakey
Colorado Plateau Geosystems Inc.
Créateur des cartes paléogéographiques originales.

Ma famille
Pour sa patience, ses encouragements et son soutien extraordinaire. Merci !

FSC www.fsc.org MIXTE Papier issu de sources responsables FSC® C011825